UN CAMILLE

TURBULENT ET BRUTAL

OU

MŒURS

D'UN TÉLÉGRAPHISTE FRANÇAIS

A TOURANE (Annam)

A PARIS

CHEZ LES PRINCIPAUX LIBRAIRES

—

1891

UN CAMILLE TURBULENT & BRUTAL

OU

MŒURS D'UN TÉLÉGRAPHISTE FRANÇAIS

TOURANE (Annam)

Un certain M. Camille Paris, télégraphiste à Tourane, ne sachant comment attirer l'attention sur son humble personne, s'avisa, il y a quelque temps, de publier une brochure, fort peu intéressante, du reste, et remplie d'erreurs par dessus le marché, intitulée : *De Hué en Cochinchine*.

S'il n'y avait eu à relever dans ce travail que son insuffisance ou les ridicules prétentions de son auteur, nous n'aurions jamais songé à nous en occuper ; mais M. Paris, jugeant sans doute qu'à notre époque, surtout dans un certain milieu, il était de bon ton de *taper sur les curés*, a profité de cette publication pour insulter un des missionnaires d'Annam les plus méritants, le P. Maillard, dont la conduite a toujours été, et surtout pendant les effroyables tueries de 1885, au-dessus de tout éloge.

Il faut être juif pour agir de la sorte, surtout lorsqu'on a la quasi-certitude que le missionnaire Presté ne trouvera pas le moyen de se défendre. insulque tous les noms de villes, comme *Besançon*, *Lyon*, *Toulouse*, portés par des hommes, désignent à peu près infailliblement des juifs. Un inspecteur général des Postes et Télégraphes, *M. Fribourg*, est lui-même un juif de la plus belle eau. Nous ne serions donc pas du tout surpris que ce *M. Paris* fut juif, lui aussi ; et cela nous expliquerait bien des choses !

Quoiqu'il en soit, à la suite de la publication de cette brochure, le P. Maillard écrivit à l'auteur pour le prier de retrancher ce qu'il disait de désobligeant sur son compte et sur celui des chrétiens, sinon qu'il se verrait obligé, quoique à regret, de se défendre par la voie de la publicité qu'il avait lui-même employée.

M. Paris lui répondit grossièrement : « *Ce que j'ai dit est l'expression de la vérité; vous le savez mieux que personne. Je ne rétracte rien; au contraire !* »

Cette réponse était un véritable défi. Le P. Maillard se devait à lui-même, pour son honneur et celui des chrétiens, de le relever.

Si, pour atteindre ce but, il se voit obligé d'attaquer à son tour, il restera néanmoins toujours en deçà des limites d'une juste défense.

Tant pis pour le provocateur s'il lui en cuit ! Qu'il apprenne à être, une autre fois, plus réservé et en même temps plus juste et plus véridique.

Ceci posé, nous laissons la parole au P. Maillard :

A Monsieur PARIS, télégraphiste
à Tourane

Tout le monde comprendra que devant une attaque violente, publique, sans provocation aucune de ma part, je dois me défendre, en même temps que je dois défendre les chrétiens du Tu-Nghia, qui me tiennent spécialement au cœur, parce que je les ai sauvés d'une mort certaine.

Si vous étiez resté à Ha-Noï, Monsieur, j'aurais méprisé vos attaques autant que beaucoup de personnes de ma connaissance vous méprisent vous-même.

Mais puisque le sort vous a placé à Tourane, tout près de Phu-Thuong, je passerais pour coupable aux yeux des honnêtes gens de cette ville, pour qui seuls j'écris, si je gardais le silence.

D'abord, pour procéder avec ordre, je vous mets au défi de justifier l'épithète de *turbulent*, dont vous me gratifiez, sans avoir l'air de vous apercevoir que

Vous prêtez largement vos qualités aux autres.

Autrefois, la bonne harmonie existait entre vous et moi ; quel est celui de nous deux qui l'a troublée ?

Auriez-vous perdu de vue cette aimable invitation que nous fit, au P. Bruyère et à moi, Mme Paris, deux mois à peu près avant votre départ de Tourane ? Comme vos invités tardaient un peu à se rendre à la poste, vous, dans votre impatience de nous voir arriver, vous fûtes assez aimable pour venir à pied de la poste à mon humble paillotte, qui se trouvait alors un peu au-dessus du nouvel Hôtel-de-Ville. Quelle bonne volonté ! quelle politesse ! comme les cœurs semblaient battre à l'unisson !

Quelques jours après, je reçus, à Phu-Thuong, une lettre dans laquelle vous me demandiez, dans les termes les plus polis, un *boy* chrétien.

Les *boys* bouddhistes, à cette époque, ne voulaient plus, paraît-il, rester chez vous..... « Cependant, ils étaient bien traités, et on ne les frappait pas », disiez-vous ! Ce n'était pas à moi, Monsieur, qu'il fallait écrire de pareilles choses...

Je m'empressai d'accéder à votre demande, et un excellent jeune homme, du nom de Hoa, après avoir été à votre service pendant quelques jours, devant une menace très significative, prit lestement la tangente, tellement il avait confiance en votre douceur !

Vous savez, Monsieur, que ce contre-temps ne m'a pas découragé ; un second *boy*, d'un caractère tout pacifique, quitta Phu-Thuong pour Tourane.

Est-il vrai qu'un jour où vous receviez des visites, ce *boy*, qui ne connaissait pas un seul mot de français, ayant, sur votre ordre, « *absinthe mau lén* », saisi, par mégarde, une bouteille de vermouth, reçut en punition — de ce crime pendable — une volée de coups de poing sur la tête, sur la figure, sur le nez ? Le sang jaillit, les larmes tombent, les sanglots éclatent, et ce pauvre *boy*, qui n'est nullement accoutumé à ces scènes *turbulentes*, veut immédiatement revenir au pays où la faute seule entraîne le châtiment.

Vous rappelez-vous le boudhiste Tho-Phu qui, autrefois, reçut une exemplaire volée de coups de bâton dans des circonstances qu'il est bon de rapporter ?

La maison où se tient l'école française appartenait alors au Ban-Liên, assez connu dans Tourane. Cette maison, se trouvant très rapprochée du Télégraphe, fut destinée à recevoir un poste de soldats, qui avait pour mission de *vous protéger*. Votre œil intelligent et scrutateur remarqua bientôt deux ou trois planches magnifiquement sculptées. A quoi bon les laisser dans un poste de soldats ? Ne serait-ce pas une excellente chose que de les faire enlever pour les envoyer en France, à l'Exposition, comme spécimen de sculpture annamite ?

Bref, l'ordre est donné de les apporter au Télégraphe.

Sur ces entrefaites, le propriétaire, tout désolé, va trouver le secrétaire dont j'ai parlé, en le priant d'intervenir.

Notre Tho-Phu veut vous faire remarquer que ces sculptures appartiennent à Ban-Liên, et qu'il est mécontent de voir dévaliser sa maison.

Aussitôt, votre bâton s'élève, s'abaisse, vole à droite, à gauche, en caressant vigoureusement les bras, les jambes, les côtes et la tête du pauvre bouddhiste, qui roule à terre. Alors, vous vous précipitez sur lui et vous le piétinez horriblement ; tout le monde qui assiste à cette scène est stupéfait, pâlit de frayeur, garde le plus morne silence et s'éloigne rapidement en plaignant cette malheureuse victime, absolument innocente. Vous seul, Monsieur, vous restez sur ce champ de bataille, à côté de votre ennemi vaincu, terrassé, couvert de poussière et de sang ; votre victoire est complète et vous triomphez joyeux et satisfait ! Honneur aux braves !

Est-ce que le gouvernement du protectorat

n'aurait pas une récompense pour des actions de ce genre ?

Le pauvre Tho-Lai, aujourd'hui domicilié au marché de Cho-Cong, fut malade pendant tout un long mois, après cette bastonnade administrée d'une main encore plus expérimentée que vigoureuse. Dans sa détresse, il eut recours à un certain esculape de Tourane qui ne parvint qu'avec la plus grande peine à le remettre sur pied.

Et l'histoire du Trum Suu, voulez-vous que je vous la raconte ? Lors de votre premier séjour à Tourane, vous aviez un paon qui, ennuyé sans doute de rester chez vous, prit son essor et vint se reposer sur le toit de la maison de ce Trum Suu.

Sur ces entrefaites, vous arrivez chez lui, et vous lui demandez : « Où est mon paon ? »

Il répond : « Je ne l'ai pas vu. »

Immédiatement, cet infortuné reçoit une si énergique volée de coups de bâton que la tête est bientôt tout en sang ; puis, pour lui faire expier son crime d'une manière proportionnée à son méfait, vous prenez du fil télégraphique, que vous serrez fortement autour de ses deux poignets. La circulation du sang ne tarde pas à être interrompue, le patient souffre horriblement, et endure, pendant deux heures, ce supplice

affreux ! O doux, ô clément, ô bénin Paris !
Pas du tout turbulent et encore moins brutal !

Infâme Trum Suu, pourquoi as-tu permis à
ce paon de voler sur ton toit ?

Arrivons à mon antagonisme farouche avec
les bouddhistes.

Pour vous apprendre à réfléchir avant d'écrire
des absurdités du genre de celle-là, je voudrais
qu'un jury d'honneur vous obligeât à donner
une piastre pour chaque boudhiste que j'ai obligé
directement ou indirectement.

Vous verriez passer successivement devant
vous tout le canton de Binh-Luu, avec les
maires que j'ai conduits moi-même à la rési-
dence de Tourane ; vous verriez des bouddhistes
de Phu-Thuong, de Phuc-Ung, de Truong-Dinh,
de Cu-Dé, de Cam-Sa, de Hoà-Quê-Dông, de
Hoà-Quê-Tay, Dai-La, etc., etc.

Vous verriez, surtout, les six cents Catéchu-
mènes qui, connaissant parfaitement mon farouche antagonisme contre eux, sont venus quand
même me demander à s'établir dans les villages
chrétiens du district de Phu-Thuong.

Tous ceux qui me connaissent savent avec
quel plaisir, quelle joie, quel contentement in-
time je contemplerais cette distribution de
piastres qui vous ferait faire des réflexions salu-
taires et vous guérirait, sans doute, radicalement

et pour toujours, de votre intempérance de langage à l'endroit des missionnaires.

Vous dites, Monsieur, que je « *vous ai causé bien des désagréments par mon antagonisme farouche* » : *vous*, c'est-à-dire, dans votre esprit, le Gouvernement du protectorat ?

Sans m'arrêter à ce que pareille manière de dire a de prétentieux, je vous serais obligé, Monsieur, de me faire connaître quels sont les désagréments que j'ai causés au *protectorat*, et vous pouvez être certain que je ne serai nullement embarrassé pour mettre à néant les inepties que vous croirez pouvoir apporter.

Au sujet des Annamites, vous les appelez *lâches*, ce dont je conviens facilement ; puis, à l'appui de votre thèse, vous citez le dôi, gardien de la porte Hai-Ven-Quang : « il rançonnait ses malheureux compatriotes et laissait passer les chinois, » qu'elle lâcheté !

Vous avez raison, Monsieur ; cependant, vous pourriez, ce me semble, réserver votre indignation pour un cas mieux choisi.

Vous souvenez-vous avec quellé *verve inépuisable* vous faisiez peser la responsabilité de la mort du capitaine Besson sur le commandant Touchard ? J'affirme vous avoir entendu dire que le capitaine Besson, quelques jours avant sa mort, avait écrit au commandant pour lui demander une escorte plus considérable. Cette demande avait été rejetée, et l'autorité avait répondu que tout était tranquille, qu'il n y avait rien à craindre, etc. On s'est trompé, j'en conviens, la chose est claire.

Mais alors, pourquoi tourner autour du nom du commandant, sans avoir la force de le nommer?

Je vous comprends, Monsieur, qui décernez bien légèrement des brevets de lâcheté aux autres; vous aviez affaire à un fils d'amiral, très fin, très diplomate et justement estimé par tous les officiers de mer et voire même de terre. Vous aviez affaire à un futur amiral, peut être un jour ministre de la marine, des colonies, dont l'habileté est si grande, dit-on, qu'en frappant du pied il fait rentrer sous terre tous ses détracteurs. Dame! vous y êtes allé tout doux! Le nom du futur amiral n'est pas sorti, vous vous en êtes bien gardé!

Quand il s'agit d'un missionnaire qu'on peut attaquer impunément, à qui les mauvaises langues ont fait une réputation qu'il ne mérite pas, on le nomme, on lui fait son procès, on le condamne, et, après l'avoir condamné, on lui crache au visage, on lui donne le coup de pied de l'âne à propos de poteaux télégraphiques.

C'est très bien, Monsieur, vive la grandeur d'âme!

Toutefois, veuillez me suivre encore deux minutes :

Avec un peu d'imagination, et vous n'en manquez pas, nous allons nous figurer que votre brochure s'est métamorphosée en porte Hai-Ven-Quang ; vous en êtes le gardien ; le missionnaire représente ce pauvre Annamite qui est rançonné partout ; le futur amiral représente le Chinois.

Voilà ce Chinois, futur amiral, qui passe ! Vous n'osez l'interpeller ; vous vous gardez bien de lui dire : halte-là, on ne passe pas ! vous vous contentez de lui faire mauvaise figure, de murmurer pendant qu'il passe, et c'est tout.

Voici venir ce pauvre Annamite de missionnaire ! Vous vous redressez de toute votre taille, et d'une voix formidable et courroucée « Halte-là ! où vas-tu ? cinquante coups de rotin pour avoir le front de passer ici ! »

L'Annamite, faible, pauvre, sans appui, doit s'exécuter, pendant que le Chinois continue tranquillement son chemin ; en un mot, le commandant passe, pendant que vous me déchargez, d'une main vertueuse et libérale, quelques horions bien appliqués.

Eh bien ! désormais, Monsieur, faites-nous le plaisir de garder le silence quand on parlera de la lâcheté des Annamites !

J'arrive à la question des chrétiens du Tu-Nghia, que vous calomniez tout à votre aise.

Vous dites (page 145) : « Je travaillais seul dans ce mystérieux Quang-Ngaï, auquel on ne pouvait reprocher que l'expulsion des chrétiens indigènes, qui avaient voulu se soustraire aux impôts et aux corvées. »

Je nie formellement que les chrétiens aient jamais voulu se soustraire aux impôts et aux corvées ; et je vous tiens pour un calomniateur et je vous signale comme tel, jusqu'à ce que vous ayez bien voulu nous prouver ce que vous avancez.

Et, dites-moi, les lettrés vous sont donc bien chers, que vous trouviez, pour les excuser, des euphémismes du genre de celui-ci : Ils ont expulsé les chrétiens !...

Drôle d'expulsion que celle qui consiste à massacrer tout ce qu'on rencontre devant soi, femmes, enfants, vieillards, hommes valides !

On appelle cela une tuerie, une boucherie, et personne à Tourane, si ce n'est le télégraphiste Paris, ne s'avisera de lui donner un autre nom.

Et cette boucherie, cette tuerie a duré jusqu'au jour où un missionnaire du Quang-Nam, avec vingt-cinq volontaires, a pénétré dans cette province, grâce au concours bienveillant du commandant Le Gorrec, et a réussi à sauver un

— 13 —

millier de malheureux qui résistaient encore dans la grande chrétienté de Trung-Tin (1).

A partir de ce jour, le mandarin Son Phong ou Tieû-Phu, dont les soldats avaient attaqué les chrétiens, changea de politique, et abrita sous son toit quelques uns d'entre eux, qui s'étaient enfuis sur les montagnes, et qu'on avait pu saisir en les traquant comme des bêtes fauves.

Voilà de l'histoire, Monsieur, et je vous défie d'infirmer, en quoi que ce soit, ce que j'avance.

Et le massacre des trois missionnaires de cette province ? Vous n'en parlez pas.

Du reste, vous avez l'air si peu au courant des faits qui ont eu lieu dans le Quang-Ngai, que vous dites, avec une naïveté qui frise les limites de la malhonnêteté (page 146) : « Je franchis maints villages, au grand ébahissement des bambins, qui voyaient leur *premier* français ; la curiosité, excessive chez eux en tout temps, était surexcitée *par la rareté des passages des gens de ma race.* »

Et que faites-vous du P. Fourmond qui a voyagé pendant six ans dans tous les coins et recoins de toute cette province ?

Et le P. Garin ? et le P. Guégan ? et le

____

(1) Voir le récit de ce splendide épisode dans une lettre du P. Maillard, publiée par l'*Univers*, les 6, 8, et 9 juillet 1886.

P. Poirier ? et le P. Chatelet ? et le P. Martin ? et le P. Bruyère ? qu'en faites-vous ?

Pour M. Camille, *un missionnaire n'est pas un Français !!*...

Vous dites, des chrétiens en général (page 130), qu'ils vivent *partout* d'une façon bien plus primitive que les bouddhistes.

Et c'est un tarare avec manivelle qui vous fait tirer cette conclusion, aussi peu favorable aux chrétiens qu'aux missionnaires, qui, d'après vous, ont l'air d'être de grands éteignoirs !

Eh bien ! Monsieur, si vous aviez visité les grandes chrétientés de Go-Thi, celles de Lang-Song, avant la révolte de vos amis du Tu-Nghia, vous auriez trouvé bel et bien de beaux tarares, bien conditionnés et bien faits.

Ici, les mérites des chrétiens sont tellement remarqués, que le gouvernement français les a récompensés par une croix du mérite agricole.

Là, ce sont les grands mandarins du Binh-Thuân, à qui la Cour envoie l'ordre de faire 110 kilomètres, pour féliciter le P. Villaume, relativement à ses magnifiques travaux de canalisation (1), ses digues, surtout celles de Nhà-Trinh, et en même temps pour apporter, au

---

(1) Voir « *Un Souvenir de la persécution dans la Mission de Cochinchine Orientale.* » — Paris, 1889.

missionnaire *deux* décorations, d'autant plus précieuses qu'elles sont plus rares.

N'importe ! vous, missionnaires, vous laissez vivre vos chrétiens, et vous, chrétiens, vous vivez *d'une façon plus primitive que les bouddhistes hébétés* (c'est M. Paris qui parle), *par tant de siècles d'immobilité* (page 152). Conclusion : missionnaires et chrétiens sont à un degré au-dessous des bouddhistes hébétés.

Soit ! je n'ai nullement la prétention de vous ramener à mes idées, car il n'y a pire sourd que celui qui ne veut pas entendre ; j'écris pour le lecteur de bonne foi, qui remarquera facilement la partialité, l'animosité, la haine dont vous faites preuve quand vous parlez des chrétiens, et votre bonne foi de Carthaginois quand vous parlez du missionnaire de Phu-Thuong.

C'est ainsi, Monsieur, que vous donnez le nom de *bandits*, de *misérables,* aux lettrés qui vous ont attaqué à Tourane.

Quand il s'agit de ma chrétienté, ces mêmes lettrés deviennent simplement *indigènes bouddhistes*, qui trouvent en moi un farouche antagoniste, et c'est presque à la même page qu'on rencontre cette supercherie, cousue d'ailleurs avec du fil blanc pour tout esprit tant soit peu observateur.

Il est donc bien entendu que le même rebelle,

accomplissant la même besogne, peut être un *bandit*, un *misérable* s'il vous attaque ; tandis que s'il m'attaque, il n'est plus bandit, ni misérable ; c'est un *simple indigène bouddhiste*, contre lequel j'ai eu tort de me défendre ; d'où je conclus, très rigoureusement, qu'un télégraphiste a le droit de riposter aux rebelles, tandis qu'un missionnaire et ses chrétiens doivent se laisser massacrer sans rien dire, sans ouvrir la bouche, sans proférer une plainte ; sinon, on les taxera de *turbulents* et de *farouches antagonistes des bouddhistes.*

Quelle ampleur de vues ! Quelle largeur d'idées ! Quelle envergure dans vos pensées ! C'est le cas ou jamais de crier sur les toits : Vive la liberté et surtout l'égalité !...

Du reste, ce n'est pas la première fois que vous agrandissez le cercle de votre liberté, tout en diminuant celle des autres ; je vais vous signaler, en passant, un fait qui ne manque pas d'intérêt.

Avant son départ pour la France, Madame Paris vous avait remis, dit-on, la somme de 15 piastres que vous deviez offrir, très charitablement d'ailleurs, à une jeune bouddhiste de choix ; ce choix tomba sur une fille adoptive de Bà-Ma, actuellement à Tourane.

Un beau soir, cette fillette, ayant rencontré

quelque *boy* de sa connaissance, se permit un brin de conversation, malgré l'heure un peu avancée ; ensuite, la pauvrette revint à la maison. Mais hélas ! pour quelques paroles échangées dans l'obscurité, elle perdit d'un seul coup vos faveurs, ses *cheveux* et ses *habits*...

En revanche, elle fut gratifiée d'une volée de coups de rotin, et dût s'en revenir clopin clopant à son logis, *n'ayant pour tout vêtemeut que les seules ténèbres de la nuit ;* et, après cela, vous osez nous dire (page 147) : « Nous avons une réputation de violence envers les femmes annamites qui ne paraît pas justifiée » ?

Il me semble, au contraire, qu'après de pareils exploits, cette réputation n'est que trop méritée.

Que dire encore de cette infortunée bouddhiste, nommée Thin, fille de Caï Dong, de Tourane, qui fut obligée de vous suivre, malgré elle, malgré ses parents, malgré son mari, qui était alors au Quang Tri ?

Que devient donc la liberté avec vous ? Car je me place à ce seul point de vue ; je ne dis rien de la morale, rien de la foi jurée, rien du respect à sa parole, rien du bon exemple que nous devons aux Annamites pour les civiliser. Mais je parle de la liberté, bien commun à tous les êtres intelligents, aux bouddhistes, aux chrétiens, et même aux missionnaires. Que devient-elle avec vous?

En finissant, Monsieur, voulez-vous que je vous dise pourquoi vous maltraitez si fort les chrétiens et les missionnaires?

C'est parce qu'ils sont faibles. On peut les injurier, les calomnier, leur cracher à la figure sans avoir rien à craindre, et voilà pourquoi les hommes qui ne sont pas des hommes de cœur nous donnent si souvent le coup de pied de l'âne!

Vingt-quatre mille chrétiens et neuf missionnaires, dans cette seule mission, *ont été massacrés en haine de la France!* Paul Bert, qui n'était pas suspect de cléricalisme, me l'a dit et répété; et non-seulement vous n'avez pas un mot de regret pour eux, mais encore vous faites tous vos efforts pour dénigrer ceux qui restent! Vous passez habilement sous silence les signalés services que le P. Bruyère a rendus à la cause française! Vous passez sous silence les grands travaux de canalisation du P. Villaume, qui ont fait et font encore l'admiration de tous les Français! Et devant ces deux hommes, vous n'avez rien à dire, rien à signaler, vous restez bouche close, ou plutôt vous signalez la chrétienté du Père Villaume comme un mal nécessaire, qu'il faut subir sans trop se plaindre (page 207) : « Indu-

bitablement, dites-vous, on y trouve un missionnaire. » Voilà l'éloge que vous donnez à un
homme d'un tel mérite !...

Vous avez beau faire l'éloge du P. Auger,
c'est un éloge à la Pyrrhus ; et puis, d'ailleurs,
il fallait bien se donner un petit air d'impartialité,
— comme M. Lemire, à Qui Nhon, qui, détestant
cordialement toute la mission et les missionnaires, rendait néanmoins de fréquentes visites
à l'un d'entre eux. Donc, personne ne s'y trompe,
ni missionnaires, ni laïques, pas même le P.
Auger lui-même.

Aussi, je n'hésite pas à dire que votre brochure
est un brandon de discorde entre vous et les
militaires qui vous liront, entre vous et les missionnaires. Vous avez fait preuve d'un antagonisme malsain, maladroit, parce que tous les
Français de ce pays-ci — sans en excepter les
missionnaires, sans en excepter les chrétiens, *qui
sont les Français de l'intérieur* — doivent
s'unir et marcher la main dans la main contre
l'ennemi commun, qui déjà relève la tête et se
prépare à créer des embarras au protectorat ; et
cette époque, vous l'avez choisie pour susciter
des difficultés, satisfaire vos petites rancunes ;
vous avez fait œuvre de mauvais citoyen, qui
s'inquiète fort peu du bien général, pourvu qu'il
atteigne un but particulier.

C'est, d'ailleurs, tout ce qui restera de cette brochure, puisque, au point de vue topographique, nous avons les cartes militaires aussi précises et aussi détaillées que possible.

Quant aux remarques savantes de linguistique ou autres, dont vous avez émaillé votre travail, elles ne sont de nature à en imposer qu'à ceux qui ne sont aucunement au courant de ces questions.

Vous figurez-vous, par hasard, que l'on peut s'empêcher de hausser les épaules lorsqu'on vous entend dire (page 54) « *que le véritable nom de Tourane est Cho-An au lieu de Cho-Han* » ? Si encore vous aviez donné quelque raison à l'appui de votre dire... Mais non, vous, docteur infaillible, vous avez décidé que jusque à ce moment-ci tout le monde s'était trompé sur le véritabie nom de ce marché, et vous entendez bien être cru sur parole !...

Je suis bien fâché de vous dire que vous êtes complètement dans l'erreur ; c'est toujours, comme par le passé *Cho-Han* qu'il faut dire, et non *Cho-An* qui n'aurait aucune signification, tandis que le mot « *Hàn* », qui signifie « intercepté » et « froid » en même temps, convient très bien au marché de Tourane, parce que entre lui et la mer il y a la montage de *Son-Chà* ou *Trà* qui intercepte la vue. De là, comme note

particulière du marché, on peut dire que, malgré
la courte distance qui le sépare de la mer, il est
cependant impossible de jouir de sa vue, toujours
si agréable pour un Annamite. Le mot « *hàn* »,
interprété dans le sens de « froid », présente
une signification très plausible ; car, pendant la
saison des pluies, le vent du nord, rasant la baie
où il s'imprègne d'humidité, arrive tout glacial
jusques au marché. De là, le nom *Cho-Hàn,* ou
marché froid.

Et « *la rivière de Cù Dê qui communique avec
celle de Câu Hai* ». Elle est bonne, celle-là !

Ces deux rivières ne sont séparées, à leur
source, que par une montagne de quatre cents
mètres. Oh ! une bagatelle, çà !

Permettez-moi de vous dire que votre foi aux
traditions orales est un peu trop robuste ; les
Annamites sont quelque peu *lâches*, dites-vous ;
vous avez raison. Ils sont même un tantinet
menteurs, et vous devriez bien le savoir.

Et « *le chemin qui conduit à Phu-Thuong* » ?
Encore dans l'erreur, mon bon monsieur Camille ;
Qu'on vienne de Nam-O ou de Tourane, ce
n'est nullement celui que vous indiquez dans
votre carte. Le véritable chemin passe droit au
milieu du village de Thanh Ké et droit au milieu
de Cho Cong ; ce n'est donc nullement deux
kilomètres avant de rencontrer le pont de ce

village, qu'on trouve le véritable sentier. Quant à l'autre, qui n'existait pas avant la levée de boucliers des lettrés, personne ne le suit maintenant, si ce n'est quelques Français qui ignorent le véritable. D'ailleurs, vous n'avez jamais parcouru le chemin que vous indiquez, et quand on fait de la géographie à vue d'œil, on est fort exposé à se tromper. Il eût donc été sage de garder un prudent silence sur l'itinéraire à suivre pour arriver à Phu-Thuong ; de même sur la rivière de Câu Hai qui communique avec celle de Cù Dé ; sur le nom du marché de Tourane ; sur les chrétiens du Tu Nghia ; sur le missionnaire de Phu-Thuong, à qui vous avez demandé des services autrefois, et que vous calomniez maintenant en guise de remercîment. Il eut été sage de ne pas vouloir trancher toutes les questions indépendantes, à propos de poteaux télégraphiques ; il eut été sage de ne pas faire l'entendu en toutes choses, même en langue annamite.

En terminant, je recommande à vos réflexions ces paroles d'un homme peu suspect de cléricalisme, qui s'est rendu compte par lui-même et sans parti-pris de tout ce qui touche à nos intérêts politiques en ces pays, et qui — soit dit entre nous — est autrement fort que vous sur toutes les questions scientifiques que vous avez effleurées : (1)

« Par leur seule présence, les missionnaires et les chrétiens nous ont singulièrement facilité la prise de possession et la conservation de ces lointaines contrées. Le parti de la résistance nationale, plus clairvoyant que la plupart des Français, ne s'y est jamais trompé. En quelques années, je pourrais presque dire en quelques mois, d'après les ordres et les préparatifs de ce parti, plus de 50,000 chrétiens, de tout âge et de tout sexe, ont payé de leur vie les insignes maladresses de la conquête française.

« *Les ignorants, les gens dépourvus de jugement, de sens critique, incapables de concevoir la loi qui proportionne à leur cause les évènements historiques, ont essayé de chercher divers motifs à ces grandes hécatombes.* (Vous voyez, mon bon monsieur Camille, que vous n'avez que l'embarras du choix pour savoir dans quelle catégorie vous caser.) Le seul réel et digne, pour dire, de la sauvagerie de ces *vêpres* annamites était puisé dans les nécessités de la défense nationale de l'Annam.

« *De ce rôle de victimes, missionnaires et chrétiens ont été récompensés par de criants dénis*

---

(1) *La Langue française et l'Enseignement en Indochine,* par E. Aymonier (p.p. 13-14).

de justice. (Votre brochure en est une nouvelle preuve.) Auprès de la Cour de Hué, nous nous excusons de l'appui de ces auxiliaires. Nous les répudions même, *au détriment de notre influence, de notre prestige,* car la meilleure politique vis-à-vis des Orientaux est de mettre résolument en pratique le précepte : Durs aux ennemis, doux aux amis. (Bravo! attrape, Camille, et fais-en ton profit!)

« Voilà pour le passé.

« *Quant à l'avenir, soyez persuadés que la France ne fondera dans ces pays rien de stable et de définitif, sans l'aide de ces hommes trop souvent sacrifiés...* »

Voilà un témoignage qui nous est d'autant plus précieux que personne n'osera se permettre d'en contester la valeur et l'impartialité, et qui nous dédommage amplement de toutes les appréciations défavorables que « les ignorants, les gens dépourvus de jugement et de sens critique » ont pu formuler contre nous !

D. MAILLARD,
Missionnaire Apostolique.

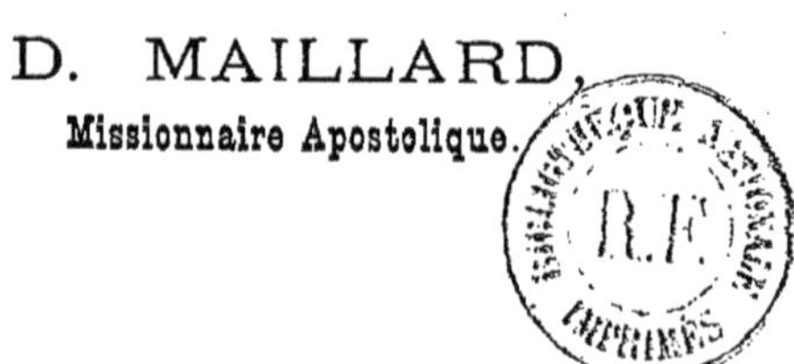

Imp. des Journaux réunis du Sud-Ouest, 41, rue de la Victoire, Paris.